뉴스의 탄생

1판 1쇄 인쇄 2024년 8월 20일
1판 1쇄 발행 2024년 8월 30일

글 제인 말로우 | **그림** 테리 포 | **옮긴이** 이수연 · 김양원 | **편집** 정애영
펴낸이 정윤화 | **펴낸곳** 더모스트북 | **디자인** S and book (design S)
출판등록 제 2016-000008 호
주소 강북구 인수봉로 64 길 5 | **전화** 02-908-2738 | **팩스** 02-6455-2748 | **이메일** mbook2016@daum.net
ISBN 979-11-87304-53-1 73700 | **정가** 13,500 원
우리동네책공장은 더모스트북의 아동브랜드입니다.

Inside Story: How the News Works written by ITN Productions, illustrated by Terri Po
Text copyright © 2024 by Independent Television News Limited
Design copyright © 2024 by Templar Books
Korean translation rights © 2024 The mostbook
Korean translation rights are arranged with Templar an imprint of BONNIER BOOKS UK Ltd through AMO Agency, Korea
All rights reserved.

이 책의 한국어판 저작권은 AMO 에이전시를 통해 저작권자와 독점 계약한 더모스트북에 있습니다.
저작권법에 의해 한국 내에서 보호를 받는 저작물이므로 무단 전재와 무단 복제를 금합니다.

뉴스의 세계에 오신 여러분을 환영합니다

뉴스의 탄생

오늘의 뉴스를 시작하겠습니다

글 제인 말로우 　그림 테리 포 　옮김 이수연·김양원

우리동네
책공장

차례

뉴스의 세계에 오신 걸 환영합니다 ………………… 4

뉴스란 무엇일까요? …………………………………… 6

뉴스의 역사 ……………………………………………… 8

믿을 수 있는 뉴스란? ………………………………… 12

가짜 뉴스란? …………………………………………… 16

보도국에 오신 것을 환영합니다 …………………… 18

뉴스를 만드는 사람들 ………………………………… 20

뉴스 구성 ………………………………………………… 24

스포츠 뉴스 ……………………………………………… 26

국제 뉴스 ………………………………………………… 28

연예 뉴스 ………………………………………………… 30

탐사 보도 ………………………………………………… 32

기자의 하루 ……………………………………………… 34

세계를 변화시킨 뉴스 ………………………………… 42

디지털 전환 ……………………………………………… 46

시민 저널리즘 …………………………………………… 50

우리가 뉴스입니다 ……………………………………… 52

뉴스의 미래 ……………………………………………… 54

보도국에서 일하고 싶나요? ………………………… 56

함께 해 준 여러분, 감사합니다 …………………… 60

용어 사전 ………………………………………………… 62

뉴스의 세계에 오신 걸 환영합니다!

내가 어릴 땐 뉴스가 정말 중요했어요. 왜냐하면 그땐 인터넷이 없었거든요. 뉴스를 접할 방법은 오직 정해진 시간에 라디오를 듣거나 TV를 보고, 신문을 사서 읽는 방법밖엔 없었죠.
그런데 어떻게 뉴스 진행자가 됐냐고요? 그건 아주 마법 같은 일이었죠. 어릴 때 아빠가 종종 뉴스를 읽어주시곤 했는데, 내가 모르는 세상에서 일어나는 소식을 알게 된다는 건 정말 재미있는 일이었어요. 그래서 나는 결심했죠. 직접 뉴스를 전달하는 사람이 되겠다고요!

그리고 마침내 뉴스 진행자가 됐을 때, 진짜 마법 같은 세상이 펼쳐졌어요. 나의 하루는 자료 조사와 기사 내용에 대한 사실 확인, 그리고 뉴스를 효과적으로 전달하는 방법을 연구하는 것으로 가득 찼죠. 뉴스 진행자는 정말 중요한 사람이었고, 나는 운이 좋게 최고의 직업을 갖게 된 거예요.

여러분도 뉴스 진행자가 되고 싶나요? 만약 주변에 관심이 많아 이야기하는 것을 좋아하거나 내가 아는 새로운 소식을 알리기는 좋아한다면 뉴스 진행에 소질이 있는 거예요. 휴대폰 카메라로 사진 찍는 취미를 가져보세요. 뉴스를 만드는 데는 사진을 찍는 것부터 사실 확인까지 모든 것이 중요하니까요.

이제 여러분을 뉴스의 세계로 안내할 시간이에요. 나와 내 동료들이 어떻게 뉴스를 만드는지, 그것이 얼마나 중요한 일인지 알게 될 거예요. 여행을 마칠 때쯤엔 어쩌면 언론이 되고 싶어질지 몰라요. 그럼 뉴스의 세계로 함께 떠나 보실까요?

아나운서 샬린 화이트

뉴스란 무엇일까요?

뉴스는 사람들에게 새로운 소식을 전해 주는 방송 프로그램입니다.
세상엔 매일 수천, 수만 개의 새로운 일이 생겨나기 때문에 뉴스 제작진은 보도할 가치가 있는 뉴스를 매 순간 빠르고 정확하게 판단해야 합니다.

무엇이 가치 있는 뉴스일까?

"노라가 빨간색 칫솔을 샀다."
이건 노라 말고는 아무도 관심이 없는 소식입니다. 그러나 "노라가 양치질할 때 음악이 나오는 빨간색 칫솔을 발명했다"라면, 부모님과 치과의사 등이 즐겨보는 소식란에서 다룰 가능성이 높습니다. 이처럼 언론사는 많은 사람의 삶에 영향을 미치는 소식을 가치 있는 뉴스로 판단합니다.

장소에 따라 다른 뉴스

지역 뉴스
지역 주민에게 유용한 교통, 스포츠, 문화예술 행사 등 지역 소식을 보도하는 뉴스 프로그램입니다.

국가 뉴스
교육 정책, 고속도로 신설 등 국가 안에서 국민들에게 영향을 미치는 뉴스 프로그램입니다.

국제 뉴스
전쟁, 자연재해, 감염병 발생 등 세계 곳곳에서 일어나는 다양한 소식을 보도하는 뉴스 프로그램입니다.

뉴스가 전달되는 방법

텔레비전

TV 뉴스는 매일 같은 시간에 방송되고, 인터넷으로도 볼 수 있습니다.

웹사이트

웹사이트에는 뉴스가 기사와 영상 등 다양한 방법으로 제공되고, 상세한 설명도 추가로 볼 수 있습니다.

SNS

친구나 유명인의 소식을 공유하는 것처럼 기자들도 SNS로 직접 뉴스를 전달하고, 생생한 취재기를 들려줍니다.

라디오 및 팟캐스트

기자가 소리로만 뉴스를 전달하기 때문에 생생하게 뉴스를 묘사하고 자세한 분석을 덧붙일 수 있습니다.

신문

신문은 1면에는 가장 중요한 기사의 내용을 아주 짧게 요약한 헤드라인으로 싣고, 안쪽 페이지에는 정치, 사회, 국제 뉴스 등을 여러 섹션으로 나눠 싣습니다. 온라인으로도 기사를 접할 수 있습니다.

소문

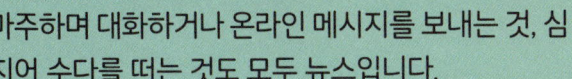
마주하며 대화하거나 온라인 메시지를 보내는 것, 심지어 수다를 떠는 것도 모두 뉴스입니다.

뉴스의 역사

인류가 존재한 순간부터 새로운 소식을 빠르게 전달해야 했습니다. 선사시대 때, 마을로 호랑이가 다가오고 있다면 그 소식을 빠르게 마을 사람들에게 알려야 하는 것처럼요. 이렇듯 새로운 소식을 더 빨리, 더 많은 사람에게 전달하려는 경쟁이 뉴스 산업의 발전을 이끌어왔습니다.
게다가 오늘날 디지털 기술의 발전이 뉴스의 빠른 전파가 가능해졌습니다.

고대 메신저

사람이 직접 달려 소식을 전하다

고대 그리스와 이집트, 페루 잉카 같은 초기 사회에서는 사람이 직접 달려 소식을 전달했습니다. 이처럼 중요한 내용을 전달하는 사람을 메신저라 불렀는데, 이들은 다양한 언어를 구사해야 했고, 먼 거리를 달려야 했기 때문에 건강해야 했죠. 게다가 나쁜 소식을 전할 경우 벌을 받을 수 있기 때문에 용감해야 했습니다.

선원이 먼 땅의 소식을 전하다

배를 타고 먼바다를 항해 하는 선원들이 고국으로 돌아와 자신이 방문한 외국의 소식을 들려주기도 했어요. 하지만 소식을 전달하는 사람의 생각의 차이가 있어 신뢰성이 떨어지기는 했답니다.

얼른 황제께 전달해야 해!

글은 소식을 전하다

기원전 59년 – 고대 로마에서 신문이 발간되다

고대 로마에서는 게시판인 '악타 디우르나(Acta Diurna)'를 로마 시내 광장에 설치하고, 매일 새로운 소식을 게시해 시민들이 도시의 소식을 알 수 있었습니다.
중국의 고대 신문 '디바오(Dibao)'는 중국 중앙 정보가 발행한 공식적인 정부 신문으로, 주로 정치 관료들만 볼 수 있었습니다.

타운 크라이어

1066년 – 타운 크라이어가 프랑스의 침공을 알리다

타운 크라이어, 즉 '외침꾼'은 다양한 소식을 사람들에게 알려주는 사람으로, 소식을 외칠 때 악기를 연주하여 사람들의 관심을 끌기도 했습니다.
영국은 핸드벨, 네덜란드는 징, 프랑스는 북이나 사냥용 뿔을 사용했습니다. 타운 크라이어가 악기를 울리면 사람들은 뉴스를 듣기 위해 모여들었답니다.

인쇄기

1605년 - 최초의 공식 문서가 프랑스 스트라스부르에서 인쇄되다

요하네스 구텐베르크(Johannes Gutenberg)의 인쇄기 발명은 뉴스 발전에 큰 변화를 불러왔습니다. 1605년 요한 카롤루스가 인쇄기로 인쇄한 세계 최초의 신문인 'Relation(관계)'을 발행하면서 뉴스는 더 간편하게 더 빨리, 더 멀리 전파될 수 있었습니다.

라디오로 파장을 일으키다

1901년 - 대서양 건너까지 라디오를 전송하다

1901년 굴리엘모 마르코니(Guglielmo Marconi)는 세계 최초로 대서양 건너까지 라디오를 방송했습니다. 정보가 국경을 초월해 전파되는 순간이었죠.
1922년 세계 최초 영국 방송사인 BBC의 개국은 또 한 번 세계를 놀라게 했습니다. 뉴스를 외딴 시골부터 대륙 넘어까지 전파했으니까요.

집 안에서 보는 국제 뉴스

1967년 - 위성 기술이 시청자를 뉴스 현장으로 안내하다

영국 ITN이 뉴스 방송을 제작하자, 뉴스 아나운서는 매번 같은 내용의 뉴스를 반복해 읽을 필요가 없어졌습니다. 또한 시청자는 세계 곳곳에서 촬영된 뉴스를 위성 기술을 통해 단 몇 시간 만에 집 안에서 시청할 수 있게 되었습니다.

24시간 뉴스

1980년 - 미국 CNN이 최초의 24시간 뉴스 전문 채널이 되다

1980년 개국한 CNN은 정해진 시간에만 뉴스를 전달하던 기존 방식을 깨고 최초로 24시간 뉴스만을 방송하기 시작했습니다. 끊임없이 속보를 보도했기 때문에 '롤링 뉴스'라고도 불렀습니다. 이후 세계 각국에서 CNN과 비슷한 채널들이 생겨남으로써 뉴스 전달 속도도 빨라졌습니다.

소리와 영상이 TV가 되다

1954년 - BBC가 최초로 텔레비전 뉴스 프로그램을 방송하다

스코틀랜드의 존 로지 베어드(John Logie Baird)는 텔레비전을 발명해 소리와 영상이 결합한 세계로 시청자를 초대했습니다. 이에 BBC 방송사는 선구적으로 TV를 통해 생생한 뉴스를 보도했습니다.

뉴스 인물 만들기

1955년 - ITN가 뉴스 진행자 개념을 도입하다

ITN (Independent Television News)은 영국 런던의 방송 제작사로, 영상과 음성 해설뿐이던 뉴스 프로그램에 진행자, 즉 '뉴스 캐스터'를 처음 도입했습니다.
뉴스 캐스터가 진행하는 색다른 뉴스 제작 방법은 곧 세계 TV 뉴스로 확산되었습니다.

인터넷 뉴스

1989년 - 인터넷의 발명으로 뉴스 전파 속도가 빨라지다

'WWW'는 영국의 컴퓨터과학자 팀 버너스리가 발명한 'World Wide Web'의 약자로, 인터넷 시스템을 의미합니다. 인터넷에 연결된 컴퓨터를 이용해 정보를 공유해 뉴스 시간을 기다리지 않고 언제든 인터넷으로 전 세계인에게 뉴스를 전달할 수 있게 되었습니다.

소셜 미디어(SNS)

2005년 - 영상 공유 사이트를 통해 누구나 기자가 될 수 있게 되다

SNS는 뉴스의 생산과 공유 규칙을 새로 썼습니다. 언론사는 뉴스를 빠르게 전달할 새로운 매개체를 찾게 되었고, 대중은 뉴스 가치가 있는 소식을 기자나 방송국에 쉽게 전달할 수 있었습니다. 또 폭발적인 SNS의 파급력으로 더 쉽고 편리하게 뉴스를 전달하고, 순식간에 공유할 수 있게 되었습니다.

믿을 수 있는 뉴스란?

뉴스는 사람들에게 새로운 소식을 전해 주는 방송 프로그램입니다. 세상엔 매일 수천, 수만 개의 새로운 일이 벌어지기 때문에 뉴스 제작진은 보도할 가치가 있는 뉴스를 매 순간 빠르고 정확하게 판단해야 합니다.

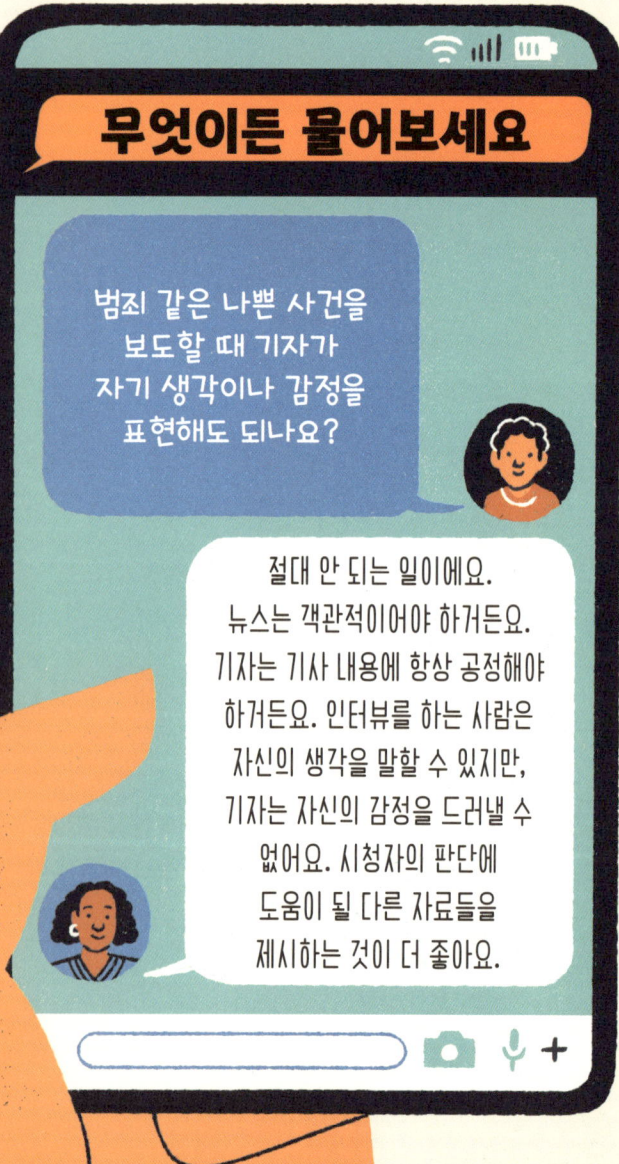

무엇이든 물어보세요

> 범죄 같은 나쁜 사건을 보도할 때 기자가 자기 생각이나 감정을 표현해도 되나요?

> 절대 안 되는 일이에요. 뉴스는 객관적이어야 하거든요. 기자는 기사 내용에 항상 공정해야 하거든요. 인터뷰를 하는 사람은 자신의 생각을 말할 수 있지만, 기자는 자신의 감정을 드러낼 수 없어요. 시청자의 판단에 도움이 될 다른 자료들을 제시하는 것이 더 좋아요.

균형

공정한 뉴스를 위해서 중요한 것은 '반론권'을 포함했는지 여부입니다.

만약 친환경 운동화 회사가 실제로는 플라스틱으로 운동화를 만들었다는 뉴스를 예로 들어 볼까요? 기자는 신뢰할 수 있는 증거를 제시하고, 사실에 대한 운동화 회사의 반론이나 해명이 있는지 반드시 확인해야 합니다. 증거와 반론이 포함돼야 균형 잡힌 뉴스이기 때문입니다.

반론권

반론이나 해명을 싣지 않아도 뉴스의 균형을 유지할 방법이 있습니다. 상대방에게 '반론권'을 제시했지만 상대측에서 거절했음을 보도함으로써 균형 잡힌 공정한 뉴스로 인정받을 수 있습니다.

규제 기관

언론사는 공정하고 균형 잡힌 뉴스 보도를 위해 엄격한 규칙을 따라야 합니다. 규제 기관은 언론사의 뉴스를 수시로 모니터링하여 만약 위법 사항이 있다면 심의를 거쳐 해당 언론사에 제재를 가할 수 있습니다.

나도 언론인

학교에서 점심시간에 많은 양의 당근을 제공한 것에 대한 기사입니다. 어느 기사가 더 공정하고 균형 잡힌 기사일까요?

배고픈 학생들의 위기
작성자: 징

학교에서 점심시간에 당근만 제공하기로 해서 수백 명의 학생들이 굶주릴 것으로 예상됩니다. 이 사태에 저는 정말 화가 납니다. 당근을 좋아하는 사람은 아무도 없기 때문이죠. 한 학생은 "털이 난 부분이 소름 끼쳐. 당근이 이 세상에 남은 마지막 음식이라고 해도 난 먹지 않을 거예요."라고 말했습니다.

학생 3분의 2가 당근 선택
작성자: 페르난도

학교에서 점심시간에 당근을 추가 제공한 것에 학생들의 반응이 엇갈렸습니다. 당근을 좋아하는 학생은 "당근은 정말 맛있어요."라고 했고, 다른 학생은 "털이 나 있어 보기만 해도 소름 끼쳐!"라며 먹지 않았습니다. 전교 학생 중 66%의 학생이 당근을 선택했기 때문에 이번 일은 성공한 것으로 보입니다.

국가마다 다른 규칙

세계 나라마다 누가 뉴스를 만들고 무엇을 보도할 수 있는지 고유한 규칙과 법이 있습니다. 공정함에 대한 기준도 다르기 때문에 뉴스가 공정하고 정보의 균형을 이루고 있는지 스스로 판단할 수 있는 것이 중요합니다.

의심하며 확인, 또 확인

다양한 사람의 다양한 의견을 듣는 것이 나의 의견을 형성에 도움이 될 수 있습니다. "원자력은 위험하기만 한 걸까?", "학교 시험은 꼭 필요한가?" 같은 복잡하고 어려운 질문에 대답하기 위해서는 최대한 많은 정보가 뒷받침되어야 하기 때문입니다. 뉴스는 이보다 더 까다로운 문제를 많이 다루기 때문에 언론사가 한쪽에 치우친 생각을 갖고 특정 의견만 보도하는지 의심하며 확인해야 합니다.

내 말대로만 해!

언론사는 반드시 공정한 보도를 해야 합니다. 하지만 때때로 회사의 이해관계에 따라 불공정 보도가 이뤄질 때도 있습니다. 가령 레몬주스 회사를 소유한 언론사가 레몬의 가치를 높이기 위해 다른 과일을 비판하는 기사를 보도할 가능성이 더 높은 것처럼요.

정치도 마찬가지입니다. 언론사 사주가 지지하는 정당이 있다면, 지지 정당의 긍정적인 기사만 보도하고 부정적인 기사는 외면할 가능성이 있습니다. 따라서 다양한 기사를 접하며 다른 정당을 지지하는 언론사의 기사나 모든 정당의 기사를 다루는 기사를 많이 찾아보아야 합니다.

꼭 알아두세요
낚시성 기사란 무엇인가?

낚시성 기사란 자극적인 뉴스 제목으로 클릭을 유도하는 의미합니다. 호기심을 유발해 조회수가 올라가면 광고주에게 더 많은 돈을 받을 수 있기 때문에 우리는 쉽게 낚시성 기사를 접하는 것입니다. 자극적인 제목이 진짜일지 의심하며 기사의 진위를 잘 판단해야 합니다.

나도 언론인

뉴스 기사, 이렇게 읽어보세요.
① 신뢰할 수 있는 언론사의 기사
② 인터넷 신문의 기사
③ 종이 신문이나 온라인 신문의 기사
이렇게 다양한 방법으로 기사를 읽으며 공정하고 균형 잡힌 기사인지, 아니면 특정 관점의 내용만을 실었는지 비교하며 확인할 수 있습니다.

가짜 뉴스란?

뉴스에서 가장 중요한 것은 신뢰입니다. 하지만 가짜 뉴스는 말 그대로 '거짓'입니다. 가짜 뉴스는 사실이 아닌 것을 사실로 믿게 하고, 심지어 잘못된 정보로 생각이나 의견이 바뀌는 위험한 결과를 초래하기도 합니다. 그리고 더 나쁜 건 가짜 뉴스 때문에 신뢰성 있는 모든 뉴스를 불신하게 될 수 있다는 것입니다.

거짓말을 믿지 마세요!

가짜 뉴스는 사실이 아닌 것을 사실로 받아들이게 하므로 위험합니다.
아래 상황에서 거짓 정보를 사실로 믿게 하는 가짜 뉴스의 속임수를 찾아보세요.

가짜 뉴스는 어떻게 불신을 만드는가?

매번 화려하고 즐거운 파티를 여는 아이샤가 이번 파티에 당신을 초대했습니다. 친구 아담은 아이샤가 이번 파티에 초대된 사람들과 열기구를 타러 간다고 했습니다. 정말 굉장하죠? 작년 파티 때는 라마에게 먹이 주는 행사도 있었다고 했습니다. 아담의 말에 당신은 아이샤의 파티가 무척 기대되었습니다. 하지만 막상 파티에 가니 열기구는커녕 친한 사람들과의 식사 모임이었습니다. 크게 실망한 당신은 이제 아담이 어떤 말을 해도 믿지 못할 것입니다. 그게 사실이든 거짓이든 말이에요.

가짜 뉴스의 피해는 이보다 더 심각합니다. 뉴스를 믿었다가 나중에 거짓 정보인 가짜 뉴스란 것을 알게 된다면, 당신은 앞으로 가짜 뉴스가 나온 언론사를 신뢰하지 못하게 됩니다. 그리고 가짜 뉴스의 불쾌한 기억으로 다른 언론사의 신뢰할 만한 뉴스마저도 불신하게 될 수도 있습니다.

가짜 뉴스의 종류

모든 가짜 뉴스는 위험하지만, 의도에 따라 차이가 있기 때문에 정확히 아는 것이 중요합니다.

'허위 정보'란 고의로 거짓말을 하는 것입니다. 만약 아담이 아이샤의 파티를 망치려고 의도적으로 열기구 이야기를 꾸며낸 경우처럼요.

'오보' 즉 잘못된 정보는 실수로 사실을 잘못 알고 있는 경우입니다. 아담이 아이샤의 파티에 열기구가 진짜 있을 거라고 알고 있는 것처럼요.

꼭 알아두세요
억울한 가짜 뉴스

때때로 사람들은 사실 뉴스에도 자신이 동의하지 않으면 '가짜 뉴스'라고 말합니다. 그리고 이 가짜 뉴스를 전해 들은 사람도 사실을 확인 하지 않고 그대로 가짜 뉴스라고 믿게 됩니다.

보도국에 오신 것을 환영합니다

TV 뉴스는 그날 가장 중요한 뉴스를 선별해 매일 같은 시간에 생중계되는 프로그램입니다. 방송국 스튜디오를 둘러보며 뉴스 프로그램이 어떻게 만들어지는지 함께 알아볼까요?

뉴스 진행자인 아나운서를 만나보세요

뉴스를 진행하는 사람을 아나운서라고 합니다. 오늘은 제가 아나운서입니다. 방송 스튜디오에는 카메라와 카메라맨, 그리고 방송 연출가인 FD가 있습니다. 방송 총 책임자인 PD는 이어폰을 통해 생방송 시작까지 남은 시간을 카운트다운하죠.

1. 아나운서는 생방송 직전까지 시청자에게 전달할 기사를 확인합니다. 시청자에게 신뢰감을 주려면 어떻게 기사를 읽고 전달하는지가 아주 중요하거든요.

생방송 30초 전!

2. 물론 방송 전부터 철저히 준비합니다. 헤드라인을 쓰고, 기사를 확인하고, 출연자 질문도 검토합니다. 그리고 어려운 발음은 없는지 기사를 몇 번씩 큰 소리로 읽어보기도 합니다.

생방송 20초 전!

나도 언론인

아나운서는 생방송 내내 이어폰으로 PD의 지시를 받거나 속보 등을 전달받습니다. 어떤 내용을 전달받던 이때 아나운서는 말을 멈추거나 표정이 흔들리면 안 됩니다. 여러분도 뉴스 기사를 읽으면서 동시에 친구와 전화 통화를 해보세요. 큰 소리로 기사를 읽으며 친구 안부를 묻는 일은 생각보다 어려운 일이랍니다.

아나운서의 하루

아나운서가 뉴스를 전달하기 위해 어떻게 하루를 보내는지 살펴볼까요?

14:00   보도국 도착

15:00   뉴스 제작팀과 뉴스에 나갈 기사 정리

16:00   보도국, 프로듀서와 상의해 헤드라인 결정

17:00   기사 예독 및 편집

19:00   방송 의상 갈아입기

20:00   스튜디오 도착

20:30   마이크, 카메라, 이어피스 체크

21:00   9시 뉴스 시작

3. 기사는 이미 프롬프터에 입력돼 있지만, 예상치 못한 상황을 대비해 종이 원고도 준비합니다.

생방송 10초 전!

4. 뉴스 오프닝 음악이 시작되면 이어폰으로 PD가 시작 사인을 보냅니다.

뉴스 시작!

마침내 뉴스가 시작됐습니다. 카메라를 마주 보고 있으니 마치 시청자들과 대화를 나누는 느낌이 듭니다.

그리고

사실 아나운서는 뉴스 프로그램의 한 구성원일 뿐입니다. 화면 뒤에는 뉴스를 제작하는 더 많은 사람이 있습니다. 이제 화면 뒤에서 묵묵히 뉴스를 제작하는 사람들을 만나보러 갈까요?

뉴스를 만드는 사람들

뉴스 PD
뉴스를 기획하고 제작하는 일을 총괄하는 사람으로, 전 세계 매일 발생하는 수많은 뉴스 중 어떤 기사를 보도할지 결정하는 사람이 바로 PD입니다. 가장 중요하면서도 흥미로운 기사를 정확하게 전달하는 것도 PD의 역할이랍니다.

뉴스 PD는 취재 기자들과 협의해 흥미롭고 새로운 소식을 발굴하고 어떤 기사를 방송할지 결정합니다.

보도국엔 정치, 사회, 경제, 국제, 스포츠, 문화 등 각각 전문 취재 부서가 따로 있습니다.

디지털뉴스 PD는 SNS나 온라인게시판 등에 올릴 짧은 기사를 작성합니다. TV 보도용 기사를 온라인용으로 재편집하는 경우도 많습니다.

현장취재 팀

기자나 영상취재팀은 뉴스가 발생한 곳으로 직접 출동해 사건을 취재하고 보도합니다.

기자는 취재를 하고 기사를 작성합니다. 직접 사건 현장을 방문해 사건을 취재하고, 사건 당사자나 관계자 등을 만나 인터뷰하며 정확한 사건 내용을 바탕으로 기사를 씁니다.

카메라 기자는 대중들에게 사진이나 영상으로 사건을 빠르고 객관적으로 전달하는 직업입니다. 중요한 순간의 사건을 보도해야 해서 화면상으로 가장 뉴스를 효과적으로 전달할 수 있는 곳을 항상 고민합니다. 인터뷰 배경과 구도 결정도 카메라 감독의 역할입니다.

기술팀

영상편집자는 카메라 기자가 촬영해 온 영상을 기사에 맞게 편집하는 일을 합니다.

그래픽 디자이너는 기사 중에 설명이 필요하거나 시각 효과가 필요할 때 삽입할 CG를 만듭니다.

스튜디오에서

스튜디오 카메라맨은 바퀴가 달린 커다란 카메라를 움직이며 아나운서와 출연자의 안정적인 구도를 연출합니다.

조명 감독은 아나운서나 출연자가 돋보이도록 스튜디오에 조명을 배치하고, 방송 중에도 기사 내용과 분위기에 맞게 조명을 조절합니다.

FD(Floor Director)는 스튜디오에 있는 PD의 눈입니다. 아나운서와 출연자의 마이크 착용부터 스튜디오 입장, PD의 지시 사항 전달 등 전반적인 생방송 진행을 돕습니다.

부조정실(부조)에서

생방송이 시작되면 부조 제작진은 시청자가 보게 될 영상과 음향을 조정합니다.
부조 제작진은 수많은 모니터로 스튜디오 카메라와 편집된 영상을 한눈에 보면서 상황을 통제합니다.

정해진 생방송 시간을 지켜야 하므로 제작진은 방송 중에도 계속 시간을 체크하며 진행 속도를 조정합니다.

기술감독(TD)은 영상 편집 기기인 스위처(switcher)로 카메라, 영상, CG 등을 선택해 화면에 송출합니다. 또 두 가지 이상을 합성해 다양한 화면 효과도 만들어 냅니다.

PD(감독)는 우주선의 선장처럼 부조의 모든 제작진을 통솔합니다. 새로운 소식이 들어오거나 변동 사항이 생기면 신속하게 결정을 내려 뉴스 흐름을 지휘합니다.

뉴스 구성

정치, 경제, 사회, 문화, 스포츠 등 뉴스의 종류는 많지만, 중요도에 따라 뉴스에 등장하는 빈도는 차이가 있습니다. 언론사는 항상 사람들에게 필요한 것과 사람들이 보고 싶어 하는 것 사이에서 균형감 있게 기사를 선택하고 보도해야 합니다. 그렇기 때문에 기자는 정확한 기사 전달을 위해 특정 분야의 전문성을 갖추는 것이 중요합니다.

전문 기자 되기

기자는 '일반 기자'로 시작해서 다양한 취재 부서를 거치며 기본기를 배웁니다. 그 과정에서 관심 있는 주제를 찾아 연구한다면 '전문 기자'로 성장할 수 있겠죠. 나아가 특파원까지 된다면 금상첨화 아닐까요?

취재원 확보하기

전문 기자는 기사 내용과 관련된 취재원으로부터 사실을 확인하고 의견을 구하기도 합니다. 이때 취재원과 정보를 주고받으며 신뢰를 쌓는 과정에서 독점 기사를 얻어 전문성을 높이기도 합니다.

무엇이든 물어보세요

익명의 제보자란 무엇인가요?

사건의 정보를 제공한 제보자가 여러 이유로 신상 노출을 꺼리는 경우가 있어요. 이를 '익명의 제보자(OFF THE RECORD)'라고 하죠. 이럴 경우 기자는 출처를 익명으로 기재해서 해당 사실을 인용할 수 있습니다.

원하는 뉴스 찾기

실시간 빠르게 업데이트되는 뉴스는 섹션이나 주제별로 정리하면 기사를 찾는 데 도움이 됩니다.

디지털 뉴스의 경우, 시간의 흐름에 따라 기사의 헤드라인이 어떻게 바뀌는지 알 수 있어요. 오전부터 늦은 밤까지 중요도에 따라 기사 헤드라인의 변화를 확인해 보세요.

오전 8시 헤드라인:

1. 단독으로 북극 정복한 과학자 무사히 발견
2. 오늘 총선에서 정권심판론에 직면한 정부

수시로 뉴스가 업데이트되니 확인바랍니다.

오후 1시 헤드라인:

1. 오늘 총선에서 정권심판론에 직면한 정부
2. 학교 매점의 AI 로봇이 학생들에게 잘못된 음식을 줘 대혼란

SCIENCE

오후 10시 헤드라인:

1. 총선에서 크게 패배한 정부
2. 화산 폭발로 인한 화산재 구름에 여행 방해 받아 큰 피해

SCIENCE   POLITICS

스포츠 뉴스

전 세계인이 사랑하는 스포츠는 중요한 뉴스 주제이기도 합니다. 수준 높은 스포츠는 세계를 하나로 만들기도 하고, 세상을 바꿀 원동력이 되기도 하죠. 때문에 언론사는 시청자의 관심을 끌 스포츠 뉴스 제작에 최선을 다하고 있습니다. 그럼 흥미로운 스포츠 뉴스의 세계를 알아볼까요?

스포츠 뉴스란?

스포츠 뉴스는 경기 일정이나 결과와 같은 스포츠 경기 장면과 뉴스뿐만 아니라 스포츠 관련 상식을 전달하는 프로그램입니다. 선수들의 전적, 선수나 감독의 인터뷰도 중요한 뉴스가 됩니다.

스포츠 뉴스의 확장

스포츠 뉴스는 정치, 경제 등 다양한 분야로 확대될 수 있습니다. 지역 축구 구단이 문을 닫는다면 주민들은 일자리를 잃게 되고, 지역 경제는 큰 타격을 입겠죠. 그렇다면 이건 경제 뉴스가 될 수 있습니다.
더 나아가 스포츠 부정행위 수사는 사회 뉴스가 되고, 또 어떤 나라가 심각한 인권 문제를 국제 경기 개최로 덮어보려는 일명 '스포츠 세탁(sportswashing)'을 시도한다면 이는 정치 뉴스로도 확대될 수 있습니다.

무엇이든 물어보세요

스포츠워싱이 무엇인가요?

스포츠워싱은 스포츠를 통한 이미지 세탁이란 의미로, 스포츠 소식을 이용해 (SPORTSWASHING)은 국가나 회사 또는 개인의 부정적인 평판을 세탁하는 것을 말해요.

스포츠 취재

세계인의 가장 큰 스포츠 이벤트! 하계 올림픽 취재 과정을 알아볼까요?

취재 권한 얻기

가장 먼저 경기장 모든 구역에 출입할 수 있는 '취재 출입증'을 만들어야 합니다.

프레스룸

전 세계 뉴스 제작진이 모이는 취재 센터입니다. 기사 작성과 영상편집 등 뉴스 제작에 필요한 방송 장비들이 제공됩니다.
프레스룸에는 실시간 경기 상황을 체크할 수 있는 모니터가 설치돼 있고, 경기가 끝난 후에는 기자간담회도 진행됩니다.

취재 구역

경기장에서도 생방송이 가능합니다. 기자가 경기 상황이나 선수 인터뷰 등을 진행하면 그 영상은 중계차 카메라와 연결된 위성을 통해 부조로 전송된 후 TV로 송출됩니다.

마감시간 맞추기

정규 뉴스 시간 안에 경기가 끝나지 않았다면, 기자의 임기응변이 필요합니다. 먼저 지금까지 경기 상황을 요약해 보도한 후 전문가와 결과 예측에 관한 이야기를 나누고 소식을 마무리합니다. 이후 최종 경기 결과는 온라인 뉴스에 올리거나 다음 뉴스 시간에 후속 보도합니다.

국제 뉴스

국제 뉴스는 세계 많은 나라에서 일어나는 정치, 경제, 사회 등 모든 가치 있는 뉴스를 말합니다. 지구 반대편의 사건도 우리 생활에 영향을 미칠 수 있기 때문에 국제 뉴스는 매우 중요합니다. 그래서 언론사는 세계 곳곳에 특파원을 파견하고, 그들은 해외 최신 뉴스를 보도하기 위해 동분서주합니다.

가치 있는 국제 뉴스란?

전 세계의 모든 뉴스가 중요합니다. 선거나 정상회의 같이 계획된 행사도 있고, 예기치 못한 자연재해 소식이나 국제 사회의 지원이 필요한 사건도 있습니다. 또 신약이나 IT기술 개발, 우주 산업 개발과 같은 과학적 발전은 우리의 삶을 완전히 바꿀 수도 있는 중요한 뉴스랍니다.

해외 특파원

국제 뉴스는 매우 광범위한 주제와 세계 모든 나라의 소식을 다루기 때문에 일부 특파원은 몇 년씩 해외에 머물며 취재합니다. 이들은 주재국에 대한 깊은 지식을 갖추고, 이를 바탕으로 그 나라의 모든 소식을 전달합니다.

종군 기자

종군 기자는 전쟁처럼 무력 분쟁 지역을 취재하는 기자로, 그들이 직접 분쟁 지역에 가서 전쟁의 실상을 알려주는 소식은 전 세계인들에게 중요한 정보가 됩니다. 목숨을 건 종군 기자의 취재 과정을 살펴볼까요?

전쟁과 같은 무력 분쟁 취재는 모두가 위험으로부터 피할 때 위험을 향해 직진하는 것과 마찬가지입니다. 긴박한 상황이 수시로 일어나기 때문에 많은 언론 활동 중 가장 위험한 일이기도 합니다.
언론사는 예측 불가능한 전쟁터에 뛰어든 종군기자의 안전을 보장하기 위해 다음과 같이 노력합니다.

- 언론사는 취재팀에게 안전한 숙소를 제공한다.
- 취재팀은 아군과 짝을 이뤄 이동한다.
- 취재팀에는 방탄복, 헬멧 등 특수 장비와 기사 전송을 위한 기술을 지원한다.
- 취재팀에는 언론인임을 알리는 배지를 제공해 군인이나 스파이가 아님을 분명히 한다.
- 종군 기자의 건강과 안전은 정기적으로 업데이트한다.

무엇이든 물어보세요

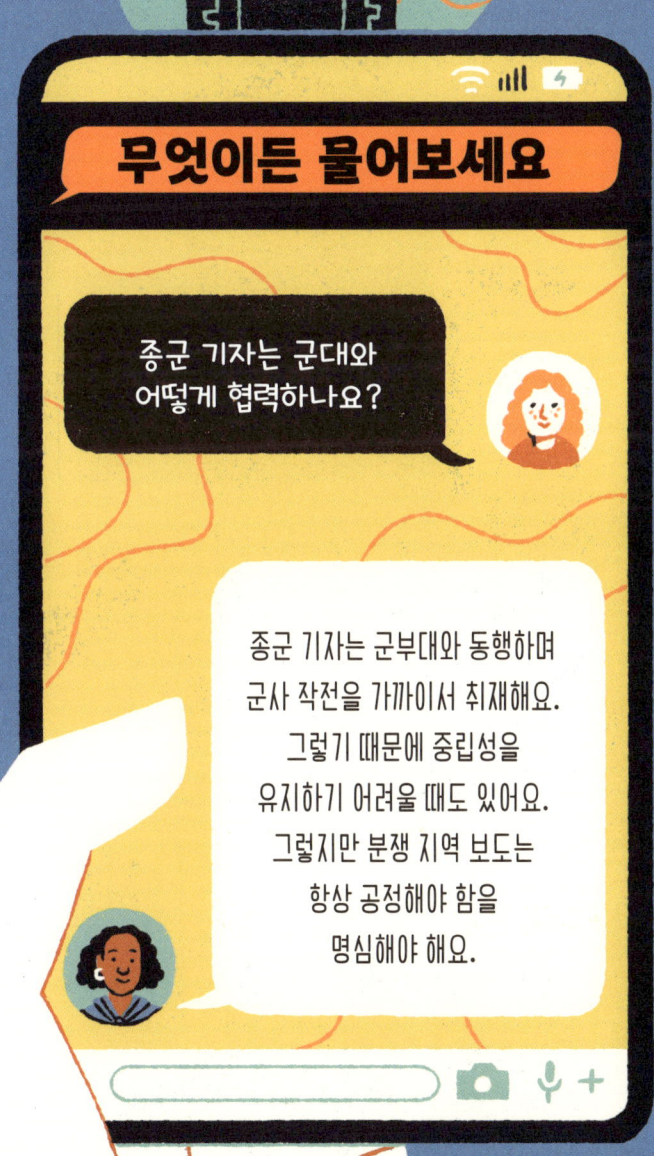

종군 기자는 군대와 어떻게 협력하나요?

종군 기자는 군부대와 동행하며 군사 작전을 가까이서 취재해요. 그렇기 때문에 중립성을 유지하기 어려울 때도 있어요. 그렇지만 분쟁 지역 보도는 항상 공정해야 함을 명심해야 해요.

🔍 나도 언론인

균형 잡힌 뉴스는 올바른 판단에 도움이 되지만, 허위 과장 선전(프로파간다, Propaganda)은 그 반대예요. 허위 과장 선전은 한쪽 관점만 부각해 편향된 생각을 갖게 합니다.
아래의 두 포스터를 보고 어느 것이 뉴스이고, 어느 것이 허위 과장 선전인지 선택해 보세요.

오소리는 귀엽고 사랑스럽기 때문에 어떤 피해도 주지 않습니다.

오소리는 귀여운 외모를 갖고 있지만 소에게 해로운 질병을 옮길 수 있습니다.

연예 뉴스

연예 뉴스는 연예인뿐만 아니라 영화, 음악, 예술 등 대중문화와 관련된 모든 것을 다룹니다. 대중들은 연예인의 소식에 대해 알고 싶어하기 때문에 연예기자들은 연예인을 취재하기 위해 최선을 다합니다.

연예 뉴스는 어떻게 취재하나?

영화 개봉이나 아이돌의 신곡 발표 소식의 경우, 소속사에서 언론사로 홍보물을 배포합니다. 이 외에도 연예부 기자들은 연예인의 활동이나 시상식, 패션쇼 등을 취재하거나 행사 관련 재미있는 뒷이야기 등을 취재합니다.

전문적 견해 추가

연예부 기자의 중요한 역할 중 하나가 전문가로서의 견해를 밝히는 것입니다. 소속사에서 영화나 신곡을 홍보할 때 약간의 과장을 포함하는 경우가 많기 때문에 연예부 기자는 객관적인 시각으로 기사를 작성해 사람들의 판단을 도와야 합니다. 관객들이 영화 리뷰 기사에 달린 별표 개수를 보고 영화를 볼지 말지 결정하는 것처럼요.

연예인 인터뷰하기

연예부 기자에게 연예인 인터뷰는 아주 중요하면서도 어려운 일입니다. 영화배우 메이지 미네스트로네(Maisie Minestrone)와의 영화 홍보 인터뷰 진행 과정을 지켜볼까요?

1. 인터뷰 스케줄 잡기

메이지 같은 유명 연예인의 경우, 소속사나 영화 홍보사가 인터뷰 스케줄 관리를 합니다. 연예부 기자는 이들에게 인터뷰를 요청하고 서로 시간을 조율해 오후 5시로 인터뷰 시간을 잡았습니다.

2. 사전 준비

인터뷰 시간이 확정됐으면 질문을 준비합니다. 본격적인 인터뷰 전에 긴장을 풀기 위해 메이지의 분홍 머리색이나 반려동물인 비단뱀의 이야기처럼 가벼운 질문도 준비합니다.

3. 홍보팀과 협의

인터뷰 당일엔 촬영팀도 함께 인터뷰 준비를 합니다. 그런데 소속사 홍보팀이 메이지의 머리색이나 반려동물인 비단뱀에 관련된 질문은 빼달라고 요청합니다. 연예 기자는 순발력 있게 다른 질문을 합니다.

4. 인터뷰 성공

연예 기자는 메이지가 좋아하는 스케이트보드에 관해 질문을 했고, 메이지도 즐거워하며 이야기했습니다. 덕분에 자연스럽게 메이지의 긴장이 풀렸고, 본격적인 인터뷰도 아주 성공적으로 마칠 수 있었답니다.

꼭 알아두세요
개인정보 보호에 대한 권리

연예인들이 팬들을 위해 자신의 삶을 SNS에 공유하지만, 그들도 사생활을 보호받을 권리가 있어요. 아무리 열정이 넘치더라도 몰래 취재해선 안 돼요.

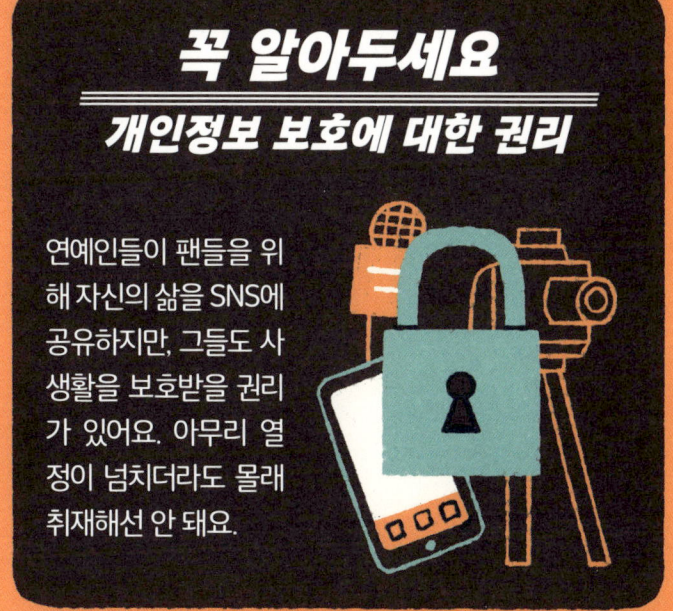

탐사 보도

탐사 보도는 대중에게 잘 알려지지 않거나 감춰져 있는 사실이나 현상을 조사해 문서나 증언을 통해 세상에 공개하는 것으로, 사회의 부조리와 부패로부터 사회의 공공 이익을 보호하는 중요한 역할을 합니다.

탐사 보도 기자는 진실을 밝히는 과정에서 기자의 윤리와 책임감, 그리고 공정성과 중립성을 유지해야 합니다.

탐사 보도 기사는 어떻게 쓰나?

1. 의문점 찾기

한 가정집에서 토스터가 폭발했다는 뉴스가 보도됐습니다. 그저 평범한 사건처럼 보였던 이 뉴스는 또 다른 가정집에서도 토스터가 폭발했다는 소식이 들리면서 상황이 달라졌습니다. 기자는 두 토스터가 같은 회사 제품이란 걸 알게 됐고, 본격적으로 이 사건을 취재하기로 결정했습니다.

2. 증거 수집

기자는 토스터 폭발 사건 피해자들로부터 두 사건 모두 같은 회사의 토스터이며, 토스터가 폭발이 원인이란 것을 명확히 확인했습니다. 기자는 소비자 단체에 연락해 토스터로 인한 또다른 피해자들을 취재했습니다. 증거와 증언은 많을수록 좋으니까요.

3. 취재 시작

피해자들의 증언이 확보되자 기자는 토스터 회사에 기기 결함과 관련한 질의를 했습니다. 하지만 토스터 회사 측에서는 취재를 거부했습니다.

4. 잠입 취재

탐사 보도에서 몰래카메라는 정확한 증거를 얻기 위해 필요하기 때문에 철저히 준비해야 하고, 취재 윤리에 위배되지 않아야 합니다.
잠입 취재 전 기자는 질문을 미리 준비하고, 영상 증거를 위해 몰래카메라를 착용합니다.

5. 반론권

토스터기 기기 결합 증거가 확보되면 기자는 이사건을 방송하기 전 토스터 회사에 사과나 해명할 기회를 주는데, 이를 '반론권'이라고 합니다. 만약 회사로부터 반론이 없다면 기자는 정식으로 기사를 방송합니다.

변화 일으키기

기자는 자신의 기사가 세상을 긍정적으로 변화시키길 원합니다. 기사는 법 개정을 요구할 수 있고, 범죄나 부정행위를 폭로할 수도 있습니다. 이로써 기자는 공공 이익과 사회 정의를 실현하게 됩니다.
토스터 폭발 취재로 토스터 회사는 안전성을 높여 화재 사고를 예방할 뿐만 아니라 모두의 안전을 지킬 수 있게 되었습니다.

기자의 하루

이제 뉴스의 꽃, 저녁 뉴스 제작 과정을 자세히 살펴볼까요?

먼저 아니타 기자를 만나볼까요? 아니타는 저녁 뉴스에 나갈 뉴스 아이템을 찾아야 합니다. 그건 마치 형사가 범죄 단서를 찾는 것과 같죠.

현재 시각 11:00
뉴스 생방송 21:00

무엇이든 물어보세요

저널리스트, 기자, 특파원의 차이점은 무엇인가요?

저널리스트는 뉴스, 사건 등을 조사하고 보도하는 사람으로 기자, 뉴스 편집자 등의 언론인이에요. 기자는 뉴스를 수집하고 조사하여 사건을 보도하지요. 특파원은 외국의 소식을 전하기 위해 해외에 파견돼 취재 활동을 합니다.

꼭 알아두세요
무엇이 뉴스가 되나요?

취재하기
기자가 스스로 취재할 아이템을 찾거나 PD가 취재 지시를 내리기도 합니다.

예고된 일정
세계 정상회의, 집회나 시위, 영화 시사회같이 일정이 예고된 아이템도 뉴스가 됩니다.

속보
교통사고나 화산 폭발처럼 예기치 않은 사건 사고도 뉴스가 됩니다.

아이템 찾기

아니타는 SNS나 인터넷에서 저녁 뉴스에 보도할 뉴스 아이템을 검색합니다. 그때 휴대전화로 고래가 강에 좌초되었다는 영상 제보가 들어옵니다.

강에 좌초된 고래 #조사 #뉴스 @reporterAnita #savethewhale 지금 바로 확인하세요!

사실 여부 확인

흥미로운 제보지만 사실인지 가짜 뉴스가 아닌지 반드시 확인해야 합니다. 아니타는 관할 경찰서나 해안경비대에 전화해 사실 여부를 확인합니다.

강에서 고래 한 마리가 발견되었습니다. 우리는 고래가 안전하게 바다로 돌아갈 수 있도록 노력하고 있습니다.

속보 올리기

다른 언론사보다 빠르게 속보를 내보내야 합니다. 아니타의 기사가 제일 처음 속보로 보도된다면 다른 언론사들은 아니타의 기사를 바탕으로 보도하게 됩니다.

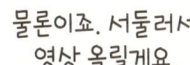 

강에 좌초된 고래 영상이 있어요. 웹사이트와 SNS에 최대한 빨리 올려줄 수 있을까요?

물론이죠. 서둘러서 영상 올릴게요.

뉴스로 채택

아니타가 저녁 뉴스 PD에게 좌초된 고래 이야기를 하자 PD는 흥미롭다며 고래가 왜 강으로 왔는지 이유와 좌초된 고래 관련 다른 소식도 추가 취재하라고 지시했습니다.
좌초된 고래 기사는 저녁 뉴스에 3분 정도 방송될 예정이고, 19시까지는 마감을 해야 하기 때문에 아니타는 즉시 현장으로 출동합니다.

취재 현장에서

아니타는 고래가 마지막으로 목격된 강에서 카메라 기자 등 취재팀과 만납니다. 현장 취재 시에는 협동이 무엇보다 중요합니다.

취재팀은 뉴스 생방송에 필요한 기사와 영상을 준비합니다. 기자는 인터뷰나 취재 내용으로 시청자의 이해를 돕는데요, 때에 따라 아나운서와 생방송 연결을 하기도 합니다.

현장 인터뷰

아니타는 강가에서 시위하고 있는 환경운동가들을 취재합니다. 고래가 길을 잃어 좌초된 것인지 혹은 다른 이유가 있는지 환경운동가들의 의견을 담는 게 균형 잡힌 기사이기 때문이죠.

사실 확인 및 내용 보강

취재팀은 고래가 언제 처음 목격됐는지, 현재 고래 상태와 바다로 돌려보낼 계획 등 기사에 넣을 내용을 조사합니다.
추가로 동물학자와 환경운동가의 단독 인터뷰를 준비해 기사의 신뢰성을 뒷받침하기도 합니다.

꼭 알아두세요
단독기사

다른 언론사가 알지 못한 정보를 먼저 취재한 경우를 '단독'이라고 합니다. 쉽게 얻을 수 없지만 단독 기사를 쓴 기자와 언론사는 신뢰를 얻게 되죠.

영상 촬영

물속에 있는 고래를 촬영하는 건 카메라 기자에게 몹시 어려운 일이에요. 하지만 기사에 담긴다면 분명 멋진 영상이 되기 때문에 카메라 기자는 고래가 가장 잘 보일 만한 곳에 카메라를 설치하고 기다립니다.

마무리

기자는 기사 마감 시간에 맞춰 기사 작성을 정리하고 영상도 최종적으로 확인합니다. 모든 준비가 완료됐다면 기사와 영상을 보도국으로 넘깁니다.

편집

뉴스 제작은 마치 퍼즐 맞추기와 같습니다. 현장 취재팀이 보도국으로 보낸 기사와 영상을 영상 편집자가 내용에 맞춰 퍼즐 맞추듯이 편집합니다.

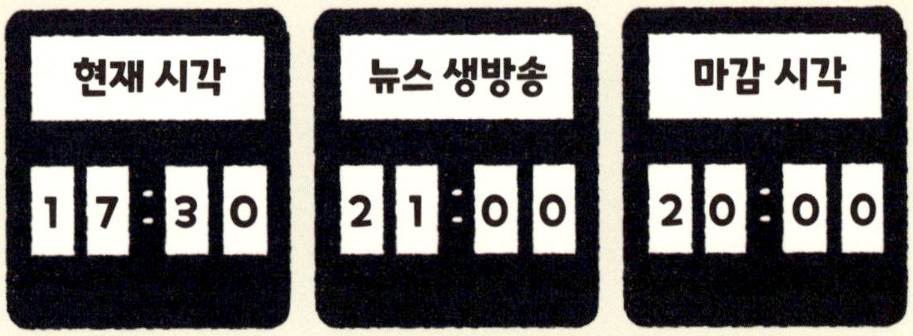

그래픽 제작

CG는 기사 내용의 더 효과적으로 전달하기 위해 아주 유용합니다. 취재팀은 기사에 필요한 CG를 그래픽 디자이너에게 의뢰해 기사를 준비합니다.

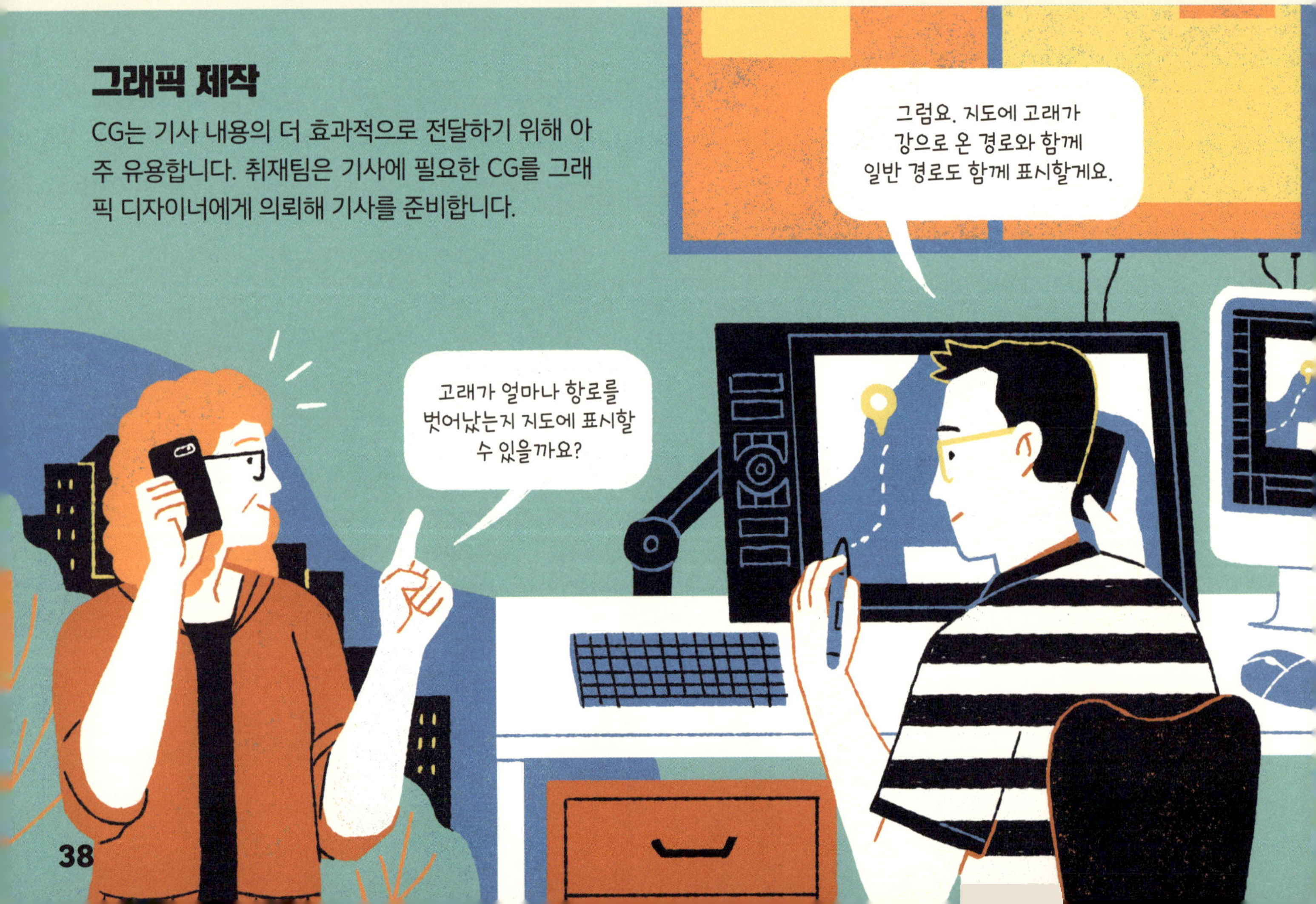

고래가 얼마나 항로를 벗어났는지 지도에 표시할 수 있을까요?

그럼요. 지도에 고래가 강으로 온 경로와 함께 일반 경로도 함께 표시할게요.

영상 편집

영상 편집자는 기사 내용에 맞게 영상을 편집합니다. 스케치 영상, 환경 운동가와 기후 전문가 인터뷰, CG 등 다양한 영상을 편집합니다.

만약 영상 편집자가 추가하고 싶은 영상이 있다면, 기자에게 먼저 내용에 적합한지 확인 후 영상을 추가합니다.

영상 편집이 끝나면 현장취재 팀과 함께 기사와 영상을 확인한 후 필요할 경우 뉴스 PD에게도 최종 승인을 받습니다.

꼭 알아두세요
그래픽

기사의 이해를 돕는 CG를 살펴볼까요?

지도
고래가 발견된 강의 위치와 고래의 이동 경로가 표시됩니다.

그래프와 차트
각종 그래프의 통계 수치로 기사의 신뢰를 높입니다. 기후 전문가가 언급한 통계를 보여줄 수도 있습니다.

설명
고래의 크기를 가늠할 수 있도록 익숙한 물체와 함께 보여줌으로써 시청자들의 이해를 돕습니다.

생방송

방송 준비가 다 됐습니다. 이제 아나운서인 제 차례가 됐군요. 나는 마이크를 착용하고 스튜디오에 앉습니다. PD 등 뉴스 제작진은 부조에서 영상 등을 최종 점검합니다.

뉴스 생방송에 어떤 순서로 기사를 내보낼지 결정하는 것도 중요합니다. 기사 순서를 결정해 정리한 것을 '큐시트(Cue Sheet)'라고 하는데, 대체로 헤드라인이 가장 먼저 배치됩니다. 만약 속보나 돌발상황이 발생하면 큐시트보다는 뉴스PD의 결정에 따라 뉴스가 진행됩니다.

뉴스PD

뉴스 생방송의 총책임자인 PD는 뉴스 순서와 영상 편집, 출연자, 기사 시간, 중계 스탠바이 등 생방송에 관한 모든 것을 알고 있어야 합니다. 만약 돌발상황이 생기면 PD는 기사 순서를 바꾸는 등 빠른 판단을 해야 합니다. 손에 진땀이 나는 일이지만 뉴스는 한순간도 멈출 수 없기 때문이죠.

기사 순서 교체

생방송에 들어가기 직전, PD가 헤드라인 영상이 아직 도착하지 않았다면서 아나운서와 제작진에게 아니타의 고래 관련 기사를 먼저 방송하라고 지시합니다. 이렇게 급작스런 상황엔 의논할 시간이 없습니다. 언제든 다시 순서가 바뀔 수 있다는 걸 염두에 두고 침착하게 PD가 지시한 대로 진행해야 합니다.

생중계

PD는 아나운서에게 아니타의 기사를 소개한 후 현장에 나가 있는 아니타와 후속 질문까지 나누라고 지시합니다. 생중계는 늘 방송 사고 위험이 있지만 오늘은 영상과 현장 연결까지 매끄럽게 진행됐고 보도는 대성공이었죠!

방송을 마치며

지금까지 뉴스가 만들어지는 과정을 살펴보았어요. 이제 뉴스를 볼 때면 제작진이 얼마나 많은 일을 하는지 상상이 될 거예요.

세계를 변화시킨 뉴스

뉴스의 힘은 강력합니다. 뉴스를 통해 전 세계인은 중요한 사건을 알 수 있고, 세상을 변화시킵니다.

전 세계의 지지를 얻다
간디의 소금 무저항 불복종운동

언제: 1930년 3월 12일 ~ 4월 6일
어디서: 인도
무슨 일: 인도의 정치 운동가 마하트마 간디는 높은 소금세에 반대해 386km 평화 시위를 벌였습니다.

무엇이 바뀌었나 : 간디는 무저항 불복종운동을 통해 인도 독립운동이 주목받길 바랐습니다. 그는 행진 후 바닷물로 소금을 만들어 법을 어길 거라고 발표해 큰 지지를 얻었습니다. 이로써 그의 뜻대로 전 세계에 인도 독립운동을 알리는 뉴스가 보도되었습니다.

외부 세계와 연결되다
넬슨 만델라에 종신형 선고

언제: 1964년 6월 12일
어디서: 남아프리카공화국 요하네스버그
무슨 일: 넬슨 만델라가 흑인 인권 운동을 벌이다 체포되었습니다.

무엇이 바뀌었나: 만델라 투옥 보도, 특히 언론인의 투옥 소식은 남아프리카공화국의 인종차별 정책을 널리 알리는 계기가 되었습니다. 이로써 전 세계 많은 사람이 만델라를 지지하기 시작했고, 인종차별 정책이 시행되는 동안 남아프리카공화국과 무역을 중단하는 나라들이 생겼습니다. 결국 1990년 남아프리카공화국의 인종차별 정책은 막을 내렸고, 만델라도 석방됐답니다.

세상을 더 개방적으로 만들다
체르노빌 핵 재앙

언제: 1986년 4월 26일
어디서: 소련 체르노빌 (현재 우크라이나)
무슨 일: 체르노빌 원자력 발전소가 폭발하며 역사상 최악의 핵 재난이 발생했습니다. 도시 전체가 방사능에 피폭됐고 유럽까지 방사능 폭발의 영향이 미쳤습니다.

무엇이 바뀌었나: 소련은 폐쇄적인 국가였지만 원자력 폭발의 영향이 워낙 컸기 때문에 전 세계가 주목하기 시작했습니다. 결국 소련 핵 시설에 대한 안전 문제가 제기됐고, 소련 지도자들은 개방적인 태도를 취할 수밖에 없었습니다.

다른 사람의 삶을 이해하다
인도양 지진과 쓰나미

언제: 2004년 12월 26일
어디서: 인도네시아, 스리랑카, 인도, 몰디브, 태국
무슨 일: 인도양에서 발생한 대지진으로 인해 쓰나미가 덮치면서 20만 명이 사망하고 삶의 터전이 파괴되었습니다.

무엇이 바뀌었나: 목격자들이 휴대전화로 촬영한 영상이 뉴스를 통해 전 세계에 전파됐습니다. 이는 세상에 재난의 심각성을 알린 시민 저널리즘의 가장 대표적 사례 중 하나입니다. 처참하고 무서운 재난 상황을 알게 된 사람들은 자선 단체를 설립하고 기부금을 모금했습니다.

새로운 목표를 갖다
우사인 볼트, 100m 세계 신기록 수립

언제: 2009년 8월 16일
어디서: 세계 육상 선수권 대회(베를린)
무슨 일: 우사인 볼트가 100m 경주서 9.58초의 기록으로 우승했습니다.

무엇이 바뀌었나: 세계 육상 선수권 대회 100m 결승전은 세계 챔피언 타이슨 게이(미국)와 세계 기록 보유자 우사인 볼트(자메이카)의 대결로 큰 관심을 받았습니다. 마침내 볼트가 세계 신기록을 경신하며 금메달을 목에 거는 모습이 전 세계에 보도되자 사람들은 새로운 목표를 가지게 됐습니다.

결단력의 힘
탐루앙 동굴에서 13명이 구조되다

일시: 2018년 6월 23일 ~ 7월 10일
어디서: 태국 치앙라이 주 탐루앙

무슨 일: 12명의 소년과 축구 코치가 갑작스러운 폭우로 인해 동굴 속 4km 지점에 고립됐습니다.

무엇이 바뀌었나: 소년들이 고립됐다는 소식이 SNS로 전파되자 전 세계 언론과 동굴 다이버들이 태국 치앙라이 동굴 근처로 모여들었습니다. 뉴스는 소년들의 생존 의지와 구출 작업을 보도했고, 이들의 용기와 공동체의 회복 의지를 전했습니다.

역사에 의문을 제기하다
시위대, 노예 상인의 동상 철거

일시: 2020년 6월 7일
어디서: 영국 브리스틀
무슨 일: 미국의 '흑인의 삶도 중요하다 (Black Lives Matter)' 운동에 영향을 받은 시위대가 1600년대 흑인 노예상 에드워드 콜스턴의 동상을 강물에 밀어 넣었습니다.

무엇이 바뀌었나: 에드워드 콜스턴의 동상이 철거되는 장면이 SNS로 퍼지면서 시민 저널리즘의 영향이 부각됐어요. 이 사건은 오늘날 역사의 과오를 어떻게 단죄해야 하는지 논쟁을 촉발했습니다.

우리의 가치 보호
국회의사당 습격

일시: 2021년 1월 6일
어디서: 미국 워싱턴 D.C. 국회 의사당
무슨 일: 미국 대선에서 조 바이든 대통령의 당선이 확정되자, 패배한 트럼프 전 대통령이 선거가 조작됐다며 지지자들을 선동해 국회 의사당을 습격한 사건이 발생했습니다.

무엇이 바뀌었나: 당시 영국 ITV가 유일하게 폭도들의 폭력 행위와 인터뷰를 촬영했습니다. 이날의 충격적인 영상과 인터뷰는 가짜 뉴스로부터 국민을 보호하는 것이 얼마나 중요한지 보여주는 본보기가 됐습니다.

디지털 전환

온라인 뉴스의 종류와 형태는 아주 다양합니다. 심층 분석부터 명쾌한 설명, 재미있는 영상, 신뢰할 수 있거나 아주 터무니없는 뉴스도 있습니다. 수많은 온라인 뉴스 중 방송사가 만드는 온라인 뉴스부터 살펴볼까요?

정통성 있는 온라인 뉴스

방송사는 보도국에서 생산한 뉴스를 온라인용으로도 제작합니다. 이는 온라인 뉴스도 TV 뉴스와 같은 보도 원칙과 가치를 가진다는 뜻이죠.

웹사이트

온라인 뉴스팀은 정규 뉴스에서 확장된 온라인 기사와 유튜브 등을 제작합니다. 속보뿐만 아니라 정규 뉴스에서 다루지 않은 다양한 이야기도 보도합니다.

정규 뉴스

예정된 TV 뉴스를 위해 제작된 기사는 온라인 뉴스팀에도 제공됩니다.

뉴스 영상 게시

뉴스 클립은 방송사 홈페이지나 SNS 등에 게시됩니다. 리포트 영상이나 중요한 공지, 라이브 스트리밍까지 시청할 수 있습니다.

영상 공유 플랫폼
유튜브와 같은 영상 공유 플랫폼에는 기사의 요약본이나 그날의 헤드라인 등이 게시됩니다.

숏폼 (짧은 영상)
복잡한 기사를 기자가 간결하게 설명하는 짧은 영상은 유튜브 등에서 관심을 끌 수 있습니다.

웹사이트용 뉴스 만들기
웹사이트용 뉴스는 강렬하고 짧은 기사와 영상이 함께 제공되는 경우가 많습니다. 시청자는 다양한 기사나 영상 중 어떤 것을 볼지 선택할 수 있습니다. 웹사이트 뉴스를 만들 때 편집자는 실시간 업데이트나 웹사이트 링크 추가 등 온라인 기능을 최대한 활용해 정보력을 높입니다.

SNS용 뉴스 만들기
디지털 뉴스 편집자는 인기 있는 TV 보도를 CG와 로고 등을 추가해 SNS용으로 재제작합니다. 물론 이때도 주요 정보를 빼놓지 않으면서도 공정성을 유지하는 것이 중요합니다.

팟캐스트
팟캐스트는 소리에 초점을 맞춘 온라인 뉴스입니다. 디지털 세대를 위한 라디오방송과 비슷합니다. 진행자는 이슈에 대한 다양한 견해를 듣기 위해 전문가들을 초대하고, 토론을 통해 청취자의 흥미를 끕니다.

온라인 뉴스란 무엇인가?

방송사나 신문사가 자체 온라인 뉴스 매체를 가지고 있는 경우도 있지만, 온라인에만 존재하는 언론사도 많습니다.

월드 와이드 웹(World Wide Web)인가, 와일드 와일드 웨스트(Wild Wild West)인가?

인터넷엔 아직 규제 기관이 없습니다. 이 말은 온라인 뉴스는 TV나 신문의 규칙을 따르지 않아도 된다는 말이죠. 하지만 규제가 없다고 신뢰가 떨어지는 것은 아닙니다. 온라인 뉴스도 균형 유지 등 자체 규칙을 만들 수 있기 때문입니다. 그러나 아직도 일부 온라인 뉴스는 전혀 규칙을 따르지 않는다는 점 역시 명심해야 합니다.

온라인 뉴스 검색

시청자들은 온라인 뉴스가 신뢰할 만한 진짜 뉴스인지 판단하기 위해 의심하고 의심해야 합니다.

의견인가, 사실인가?

의견은 전문가의 생각입니다. 그러나 때때로 의견이 사실로 둔갑해 기사에 실리기도 합니다. 만약 기사가 어떤 특정 관점에 치우쳐 있다면, 그건 개인의 의견이지 균형 있는 기사가 아닙니다.

출처는 확실한가?

기사 하단에 언론사명이나 기자 이름, 자료 출처 등이 기재되어 있는지 확인해야 합니다.

다른 매체의 기사는?

만약 온라인 기사에 신뢰가 떨어진다면 다른 뉴스 매체의 기사를 찾아 확인하고, 이전 뉴스와 비교합니다.

꼭 알아두세요
입소문 퍼뜨리기

뉴스는 SNS에서 클릭 한 번으로 일파만파 전파될 수 있습니다. 발 없는 말이 천 리 간다는 속담처럼 이미 퍼진 뉴스는 걷잡을 수 없게 되므로 뉴스를 공유하기 전에는 신뢰할 만한 내용인지 확인하는 것이 매우 중요합니다.

사실이라고 하기에 너무 말이 안 되나요?

온라인에는 재미있고 황당한 클립들이 넘쳐납니다. 따라서 그 영상이 사실인지 꼭 확인하는 절차가 필요합니다. 언론사는 아무리 사소한 클립이라도 게시하기 전에 반드시 누가, 언제 영상을 만들었는지 체크해서 콘텐츠의 진위 여부를 확인해야 합니다.

시민 저널리즘

2000년대 중반 스마트폰이 등장하며 사진과 영상을 바로 찍어 공유하는 의사소통의 변화가 일어났습니다. 디지털 기술 발전과 SNS의 결합은 시민 저널리즘이라는 새로운 보도 유형을 탄생시켰습니다.

꼭 알아두세요
최초의 시민 저널리즘 웹사이트

2000년 한국에서 설립된 <오마이뉴스>가 시민이 직접 쓴 기사만을 게시하는 최초의 시민 저널리즘 웹사이트입니다.

시민 저널리즘이란 무엇인가?

시민 저널리즘이란 개인 자신이 목격한 것을 보도하는 것입니다. 이는 전문 언론인이 현장에 없을 때 빛을 발하죠. 가령 아이돌 그룹이 예고 없이 게릴라 콘서트를 여는데, 기자가 없으면 보도가 안 되겠죠? 그런데 이때 여러분이 콘서트를 촬영해 게시한다면, 여러분이 바로 시민 기자가 되는 것입니다. 이 밖에도 시민 저널리즘은 전쟁이나 투병기 등 여러분이 겪은 일을 세상에 알리는 중요한 역할을 합니다.

시민저널리즘은 어떨 때 유용할까요?

시민 기자는 공식 뉴스 채널의 규칙을 따를 필요가 없으므로
시민 저널리즘 기사를 대할 땐 다음 사항을 알아야 합니다.

시민 저널리즘이 유용한 이유는?

기자가 활동하기엔 위험한 장소에서도 뉴스를 얻을 수 있습니다

2010년 북아프리카와 중동의 〈아랍의 봄〉 운동 때도 시위대가 찍은 영상이 취재가 허용되지 않은 나라들의 실상을 알리는 데 큰 역할을 했습니다.

속보를 전달합니다

범죄나 천재지변 등 예상치 못한 사건이 발생할 경우, 기자가 현장에 도착하기 전까지 시민들이 속보를 전달합니다.

인상적인 뉴스를 제공합니다

시민 기자가 촬영한 제보 영상은 생생한 감정을 포착해 또 어떤 말보다도 더 강렬하게 뉴스를 전달할 수 있습니다.

시민 저널리즘의 주의할 점은?

기사는 언제 어디서든 공정해야 하지만 시민 기자의 영상의 경우 특정 관점이나 의견을 가질 수 있으므로 기사가 편파적일 수 있습니다.

가짜 뉴스일 수 있습니다

시민 기자가 본인의 기사는 모두 속보라고 주장할 수 있으므로 그 기사가 신뢰할 수 있는지 항상 확인해야 합니다. 전까지 시민들이 속보를 전달합니다.

불법일 수 있습니다

언론인들은 영상 사용 허가부터 팩트 체크까지 본인 기사에 관한 모든 법률 규정을 책임져야 하지만, 시민 기자는 사실 확인이 소홀할 수 있습니다.

무엇이든 물어보세요

시민 기자가 있는데 언론인이 왜 필요하죠?

뉴스가 만들어지려면 다양한 분야의 전문가들이 기사에 다양한 관점이 담겼는지, 기사 내용이 사실인지 등을 철저하게 확인합니다. 하지만 시민 저널리즘은 사실의 한 면만 다룰 수 있으니 점은 항상 경계해야 합니다.

우리가 뉴스입니다

뉴스의 목적은 우리 삶에 영향을 미치는 사건을 보도하는 것입니다. 즉, 우리의 삶 그 자체가 뉴스죠. 뉴스는 우리가 살고 있는 지역 사회를 반영해야 하고, 지역 사회가 발전하는 만큼 뉴스도 변화해야 합니다.

시청자의 삶 반영

뉴스에 다양성을 주는 가장 좋은 방법은 다양한 배경을 가진 사람들이 제작에 참여하는 것입니다. 그래야 다양한 관점이 뉴스에 담길 수 있게 하고, 많은 사람이 뉴스에서 소속감을 느낄 수 있게 된다는 의미이기도 합니다.
만약 편집자부터 기자, PD까지 모든 제작진이 해변에 큰 별장에 살며 서핑을 좋아한다고 가정해 보세요. 아마 뉴스엔 바닷가 주택이나 서핑 기사가 넘쳐나겠죠? 그렇다면 그 뉴스는 아파트에 살거나 자전거를 즐기는 사람들에겐 흥미가 없는 내용입니다.

나도 언론인
창문과 거울

이제 뉴스에 대해 알았다면 창(다른 사람의 삶)이자 거울(나의 삶)인 뉴스 기사에 대해 직접 알아볼까요? 뉴스를 시청하고 여러분이 본 기사를 떠올려 보세요.

지역 사회를 하나로 모으기

뉴스는 세상을 바라보는 창이자 다른 사람의 입장이 되어 보는 기회를 제공합니다. 예를 들어 다른 나라에서 발생한 큰 지진 뉴스는 그곳에 살지 않더라도 그곳의 처참한 상황을 간접으로 경험하게 합니다. 또 국제 뉴스를 통해 접하는 다른 나라의 문화는 그들의 삶을 이해하고 더 가깝게 느낄 수 있게 합니다.

다음 세대에게 영감 주기

미디어에서 본 사람에게 감명을 받아서 그 사람처럼 되고 싶었던 적이 있나요? 인상적인 인물에게 영감을 받는 건 자연스런 일입니다. 여러분도 뉴스에 등장하는 아나운서, 기자, 방송 전문가들을 눈여겨 보세요. 뉴스를 만드는 일에 관심이 생긴다면, 도전해 보고 싶어질 거예요.

뉴스의 미래

기술의 발전은 눈 깜짝할 사이 정보가 퍼지는 세상을 만들었습니다. 앞으로도 놀라운 발명품이 뉴스의 혁명을 가져오겠지만, 그만큼 신뢰성에 대한 우려도 커질 것입니다. 미래의 기술이 뉴스에 어떤 변화를 불러올지, 그에 따른 기대와 우려, 그리고 대비책을 알아볼까요?

알고리즘은 무엇인가?

TV 뉴스나 신문 등에선 인간 편집자가 기사를 선택했지만, SNS에선 '알고리즘'이 편집자의 역할을 합니다. 알고리즘은 우리가 좋아하는 콘텐츠를 학습하고, 연관 콘텐츠를 계속 노출시켜 더 오랫동안 SNS에 머물도록 합니다.

이게 무슨 문제가 있냐고요? 알고리즘은 여러분이 좋아하는 뉴스만 보여 주기 때문에 새로운 이슈나 중요한 정보를 발견하기 힘들게 합니다. 그렇기 때문에 알고리즘이 내게 이 뉴스를 보여주는 의도를 잘 파악하고 다양한 뉴스를 접하는 게 필요합니다.

꼭 알아두세요
알고리즘

알고리즘은 컴퓨터가 문제를 해결하거나 작업을 완료하기 위해 따르는 지침을 말합니다. SNS의 알고리즘은 개인의 습관이나 취향을 기반으로 관심 있거나 보고 싶은 것을 학습하도록 설계돼 동일한 콘텐츠로 피드를 채우게 합니다.

반향실 효과

알고리즘은 연관 영상을 계속 제공함으로써 시청자들이 다양한 다른 관점을 갖는 걸 방해합니다. 자신과 비슷한 견해에만 둘러싸여 마치 방에 갇혀 벽에 부딪혀 되돌아오는 자신의 목소리만 끊임없이 듣는 반향실 효과와 비슷합니다. 알고리즘이 정교해질수록 다양한 관점의 뉴스를 찾아보는 데 더욱 노력해야 합니다.

인공지능(AI)

알고리즘의 또 다른 큰 변화는 인공지능(AI)의 등장입니다. 인공지능은 알고리즘에서 더 나아가 우리가 보고싶어 하는 걸 학습한 후 실제가 아닌 기사도 만들어 낼 수 있습니다.

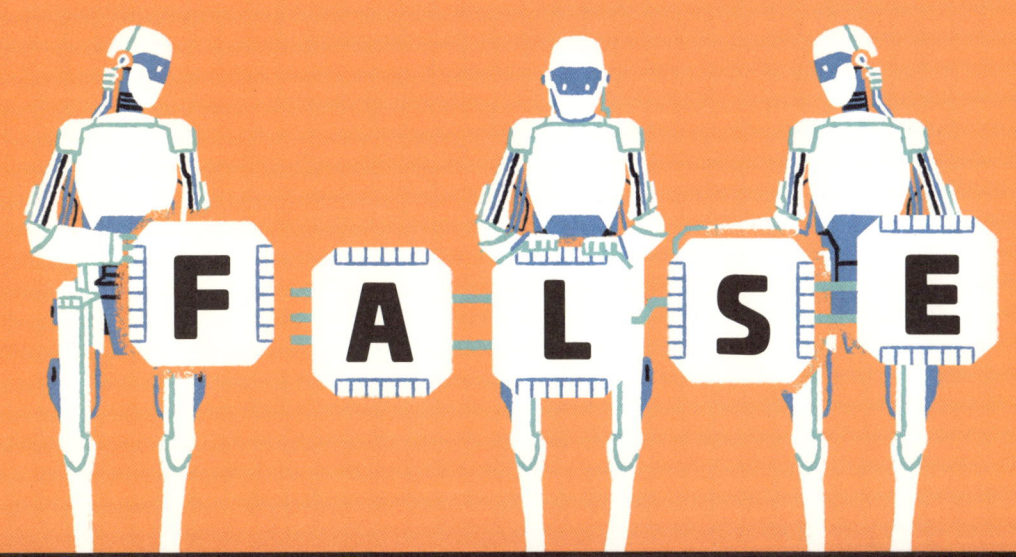

유용한 도구? 나쁜 영향?

AI는 엄청난 데이터를 분석하는 유용한 도구가 될 수 있는 반면, 치명적인 오류의 위험성도 있습니다. AI가 잘못된 사실에 기반해 데이터를 끌어모아 콘텐츠를 만든다면 같은 오류가 반복되기 때문이죠. 또 특정한 사람이 입력한 특정 데이터만 집중 학습한다면 특정한 관점만 제시할 위험이 있습니다.

꼭 알아두세요
딥페이크

딥페이크는 원본 콘텐츠에서 단어, 배경, 의상 등을 바꿔 사실인 것처럼 꾸민 조작 영상을 말합니다. 워낙 치밀하게 조작해 알아채기 힘들기 때문에 누군가 딥페이크로 가짜 뉴스를 만든다면 우리 사회에 악영향을 끼칠 수 있습니다.

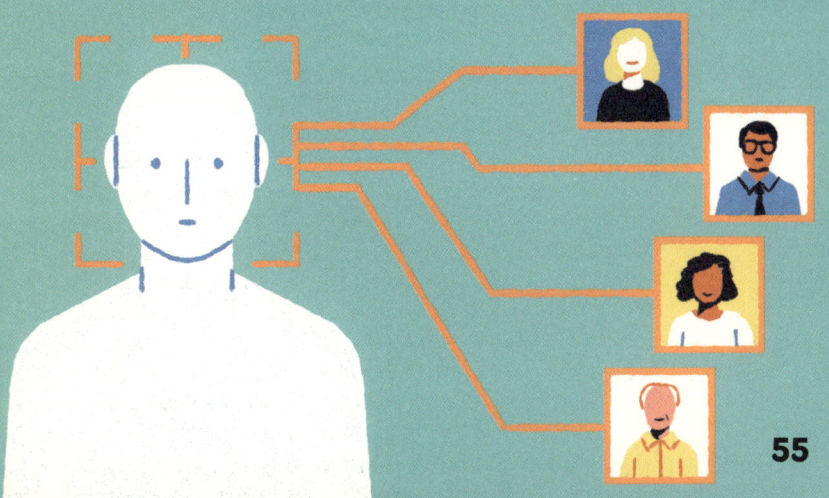

보도국에서 일하고 싶나요?

보도국에서 일하려면 호기심과 결단력 등 공통으로 필요한 능력이 있어요. 하지만 카메라 기자인지 뉴스 편집자인지, 맡는 역할에 따라 필요한 능력도 다릅니다. 여러분이 어떤 역할에 적합한지 퀴즈로 알아볼까요?

1. 카페에서 맨 앞에 줄을 서 있어요. 곧 문이 닫힐 예정이라 빨리 메뉴를 결정해야 해요. 여러분의 선택은?

A. 좋아하는 케이크와 처음 보는 케이크를 둘 다 산다.
B. 카페 주인에게 어떤 음식이 맛있는지 물어본다.
C. 도넛을 좋아하고 도넛에 대해 잘 알고 있으니 도넛을 선택한다.
D. 화려한 토핑이 올라간 페이스트리를 선택한다.

2. 친구가 최신 블록버스터 영화를 보러 영화관에 가자고 합니다. 여러분의 선택은?

A. 일단 좋다고 대답하고, 영화 줄거리나 감독, 배우를 미리 조사한다.
B. 언제, 어디서 상영하는지, 그리고 영화관에 어떻게 갈 것인지 물어본다.
C. 이미 본 다른 영화와 비슷하진 않은지 영화에 대해 더 알아보겠다고 말한다.
D. 멋진 영상을 큰 화면으로 볼 기회니 그냥 약속을 잡는다.

3. 새로운 소프트웨어로 프로젝트를 진행해야 하는데, 사용법이 익숙하지 않습니다. 여러분의 선택은?

A. 소프트웨어에 프로젝트를 돋보이게 할 고급 기능이 있는지 직접 알아본다.
B. 직접 배우고 질문도 할 수 있도록 교육을 신청한다.
C. 사용 지침서와 리뷰를 살펴 프로젝트에 가장 적합한 기능을 찾아낸다.
D. 신난다! 난 기술 능력자니 난 1시간 정도면 전문가처럼 완성할 거야.

4. 당신은 학교 운동팀에 선발되지 못했어요. 속상하지만 여러분의 선택은?

A. 다음번엔 꼭 뽑히겠다고 결심한다.
B. 코치에게 어떤 부분이 부족한지 물어보고 개선한다.
C. 팀에 뽑힌 선수들을 도울 수 있도록 도우미로 지원한다.
D. 팀 웹사이트를 만들어 응원하고, 선수들의 플레이를 멋진 클립으로 편집한다.

5. 당신을 설명하는 문구를 선택하세요.

A. 나는 호기심이 많고 주목받는 걸 좋아한다.
B. 나는 지식에 목마르고 정리를 잘하는 타입이다.
C. 나는 규칙을 잘 지키는 훌륭한 리더이다.
D. 나는 창의적이고 디테일에 뛰어나다.

결과 보기!

대부분 A
당신은 호기심이 많고 결단력이 있으며 분석적이고 명확한 의사소통 능력을 갖춘 기자가 적합합니다.

대부분 B
훌륭한 프로듀서 유형이군요! 당신은 화면의 모든 것을 정확하고 공정하게, 매력적으로 정리하는 것을 즐깁니다.

대부분 C
당신은 성급한 결정을 내리지 않고 균형 있게 큰 그림을 볼 수 있습니다. 훌륭한 뉴스 편집자의 역할이 어울립니다.

대부분 D
뛰어난 기술과 창의성을 지니고 침착한 당신은 카메라 기자나 기술 감독이 적합합니다.

나도 언론인
뉴스 선정

지금까지 배운 내용을 활용해 능력을 확인할 차례입니다. 다음 내용을 확인하여 최고의 저널리스트처럼 뉴스에 참여할 수 있는지 확인하세요.

가짜 뉴스 발견

가짜 뉴스에 대한 설명 기억나죠? 나단이 빨간 자전거 폭발에 관한 다른 기사를 검색해 봤다면 그것이 가짜 뉴스였다는 걸 깨달았을 겁니다. 이제 웹사이트에서 신뢰할 수 있는 뉴스를 보도하는지 힌트를 활용해 판단해 보세요.

---

www.4Chanel_news1.co

작성 : 수석기자

햄스터는 인간보다 빠르다

주의: 이 웹사이트의 모든 뉴스 기사는 재미를 위해 조작된 것이므로, 사실임이 아님을 밝힙니다.

올림픽 육상 메달리스트 페데리코가 100m 경주에서 햄스터에게 패했습니다. 페데리코는 경기 후 인터뷰에서 "이번 경주는 완전히 불공평했어요! 햄스터는 다리가 네 개인데 나는 두 개뿐이에요. 또 햄스터는 네 발 모두 고기능성 신발을 신었습니다. 재대결을 요구합니다."라고 주장했습니다.

---

1. URL(웹사이트 주소)를 확인하세요. 정상적인 URL처럼 보이나요? 아니면 이상한 점이 있나요?

2. 일부 웹사이트는 실제 뉴스를 비판하기 위해 만들어졌죠. 그런 곳은 기사가 거짓임을 분명히 표기해서 혼동되지 않게 해야 합니다. 이 웹사이트에도 그런 표시가 있나요?

3. 뉴스 하단에 기자 이름이 기재되어 있나요? 진짜 기자가 쓴 기사라면 검색을 통해 기사 목록을 확인할 수 있습니다.

4. 뉴스가 지나치게 충격적이거나, 믿기 어렵다면 다른 뉴스 사이트를 검색해 같은 내용의 뉴스가 있는지 확인하세요.

5. 이미지를 확인하세요. 때때로 가짜 뉴스는 합법처럼 보이려고 관련 없는 기사 사진을 도용하거든요.

클릭, 좋아요, 공유, 반복

클릭, 좋아요, 공유를 몇 번 반복하는 것만으로 뉴스를 퍼트리는 게 얼마나 쉬운지 우린 알고 있습니다. 하지만 충격적인 정보가 담긴 기사라면 공유하기 전에 그 기사의 출처와 신뢰성을 판단해야 합니다. 아래의 헤드라인을 따라가며 신뢰할 만한 뉴스인지 결정하세요.

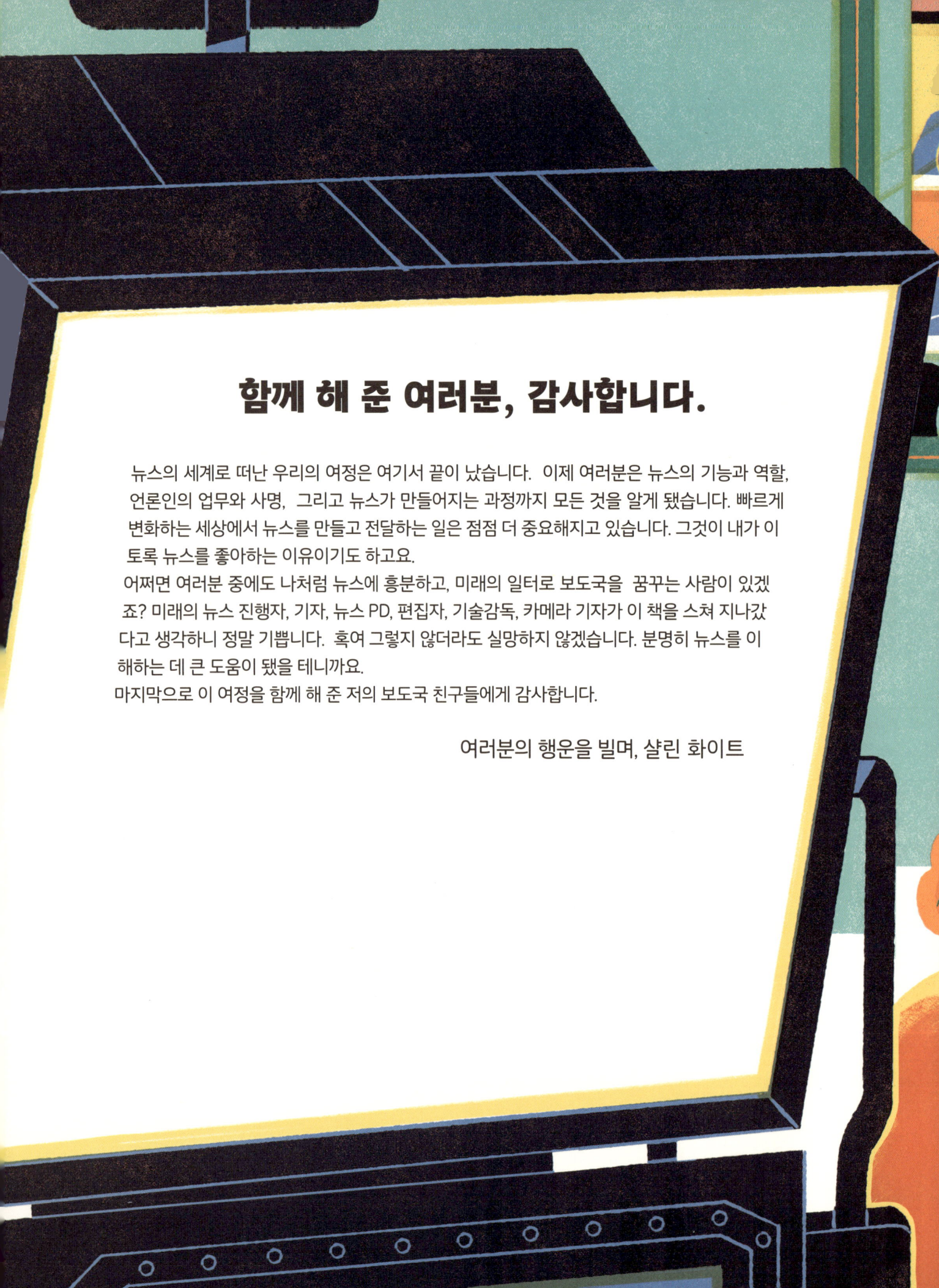

함께 해 준 여러분, 감사합니다.

뉴스의 세계로 떠난 우리의 여정은 여기서 끝이 났습니다. 이제 여러분은 뉴스의 기능과 역할, 언론인의 업무와 사명, 그리고 뉴스가 만들어지는 과정까지 모든 것을 알게 됐습니다. 빠르게 변화하는 세상에서 뉴스를 만들고 전달하는 일은 점점 더 중요해지고 있습니다. 그것이 내가 이토록 뉴스를 좋아하는 이유이기도 하고요.

어쩌면 여러분 중에도 나처럼 뉴스에 흥분하고, 미래의 일터로 보도국을 꿈꾸는 사람이 있겠죠? 미래의 뉴스 진행자, 기자, 뉴스 PD, 편집자, 기술감독, 카메라 기자가 이 책을 스쳐 지나갔다고 생각하니 정말 기쁩니다. 혹여 그렇지 않더라도 실망하지 않겠습니다. 분명히 뉴스를 이해하는 데 큰 도움이 됐을 테니까요.

마지막으로 이 여정을 함께 해 준 저의 보도국 친구들에게 감사합니다.

여러분의 행운을 빌며, 샬린 화이트

용어 사전

알고리즘 Algorithm
문제를 해결하거나 작업을 완료하기 위해 컴퓨터가 따르는 일련의 지침

인공지능 Artificial intelligence
기계가 인간처럼 생각하고 학습하도록 훈련시키는 과학의 한 분야

아랍의 봄 Arab Spring
2010년 북아프리카와 중동에서 권위주의 정부 대신 민주주의를 지지하며 벌어진 시위

균형 Balance
뉴스 보도에 다양한 관점이 제시되는 경우

편견 Bias
누군가가 다른 사람에게 영향을 미칠 의도로 개인적인 선호나 제품, 사람 또는 아이디어를 호의적으로 제시하는 경우

속보 Breaking news
지금 발생한 뉴스

방송 Broadcast
라디오나 텔레비전 따위를 통하여 널리 듣고 볼 수 있도록 음성이나 영상을 전파로 내보내는 일

시민 저널리즘 Citizen journalism
대중이 뉴스 사건의 목격담, 이미지, 클립을 온라인에 게시하는 것

낚시기사 Clickbait
특정 웹페이지를 클릭하도록 유도하기 위해 고안된 관심을 끄는 온라인 콘텐츠

특파원 Correspondent
특정 주제를 전문적으로 다루는 언론인 (한국에선 특정 지역에 파견된 기자를 주로 가리킴)

딥페이크 Deepfake
실제처럼 보이도록 디자인되고 조작된 컴퓨터 생성 이미지 또는 비디오 클립

허위 정보 Disinformation
의도적으로 다른 사람을 오도하기 위해 만들어진 정보

에코 챔버 Echo chamber
같은 생각을 가진 사람들에 둘러싸여 자신과 동일한 견해만 듣고 자신의 신념에만 한정되는 환경

편집자 Editor
뉴스 프로그램, 신문 또는 온라인 뉴스 웹사이트에 어떤 기사를 올릴지 결정하는 저널리스트

독점 Exclusive
단 한 명의 기자나 언론사에서만 보도하는 뉴스

가짜 뉴스 Fake news
전체 또는 부분적으로 잘못된 정보를 기반으로 한 뉴스

부조정실 Gallery
뉴스를 TV로 방송하는 텔레비전 스튜디오의 공간

그래픽 Graphics
뉴스를 이해하기 쉽도록 수치 또는 정보를 시각적으로 표시하는 이미지

헤드라인 Headline
뉴스 기사의 주요 요점을 요약하는 짧은 문장. 인쇄본과 온라인 뉴스에서는 페이지 상단에 표시됨. TV와 라디오 뉴스에서는 진행자가 읽음

공정성 Impartial
개인적인 의견이 아닌 이야기의 다양한 측면의 견해를 반영하는 기사

국제 뉴스 International news
전 세계, 특히 해당 국가 외부에서 특정 국가 또는 글로벌 이벤트에 대한 뉴스 보도

언론인 Journalist
뉴스를 취재, 기사 작성, 편집 또는 보도하는 일을 하는 사람

지역 뉴스 Local news
거주지 인근 지역과 커뮤니티에서 나온 뉴스 보도

전국 뉴스 National news
거주하는 국가에서 발생하고 해당 국가에 관한 뉴스 보도

잘못된 정보 Misinformation
허위이거나 오해의 소지가 있는 정보이지만 고의성은 없음

뉴스진행자 Newsreader
TV 뉴스를 소개하거나 읽는 사람

뉴스 가치 Newsworthy
특정 뉴스 매체의 청중에게 흥미로운 정보

리포트 Package
영상, 인터뷰, 그래픽 등을 사용해 기자가 보도하는 TV 또는 온라인 뉴스 보도

영상 편집자 Picture editor
TV 뉴스 보도를 위해 영상과 CG 등을 편집하는 사람

프레스룸 Press room
저널리스트, 카메라 기자 등이 특별 행사에서 사용하는 공간

기자 회견 Press conference
개인 또는 그룹이 언론인의 질문에 답변하는 조직적인 인터뷰

선전 Propaganda
아이디어를 홍보하고 사람들이 특정 방식으로 느끼도록 특정 관점에서 원인이나 관점을 보여주는 포스터나 비디오 형식의 메시지

공익 Public interest
대중이 알면 도움이 되는 정보나 뉴스

홍보 Public relations
개인이나 조직의 평판을 관리하기 위해 언론 매체와 정보를 공유하는 사업

오프 더 레코드 Off the record
이름 공개를 원하지 않는 사람이 기자에게 제공한 정보

현장 취재팀 On the road
보도국 외부에서 뉴스를 취재하는 팀

오피니언 기사 Opinion piece
주제에 대해 누군가 개인적인 견해가 포함된 기사 또는 클립

인용문 Quote
뉴스에 언급된 사람에 대한 설명. 일반적으로 인용문에는 의견을 제공한 사람의 이름이 표시되지만 때로는 익명이 될 수도 있음

규제 기관 Regulator
언론사가 뉴스를 보도할 때 규칙을 준수하도록 하는 조직

기자 Reporter
TV 뉴스나 인쇄물, 온라인 기사 등을 통해 뉴스를 보도하는 사람

반론권 Right to reply
개인이나 조직이 중요한 뉴스 보도에 반론할 기회

Rolling news
24시간 지속적으로 뉴스를 보도하는 뉴스 서비스

큐시트 Running order
뉴스 보도가 전달되는 순서

정규 뉴스 Scheduled bulletin
매일 같은 시간에 생방송 되는 정규 TV 뉴스

출처 Source
뉴스 기사를 뒷받침하는 정보를 제공하는 사람

전송 Transmission
TV나 라디오에서 프로그램을 방송하는 것

바이럴 Viral
의도한 청중을 넘어서 빠르게 공유되는 비디오, 이미지 또는 정보들

VCR
Video Tape의 약자, 클립, 인터뷰, 그래픽을 활용한 뉴스 보도